AF264147

PROCÈS-VERBAL

DE LA SÉANCE EXTRAORDINAIRE

TENUE PAR LA SOCIÉTÉ

DES AMIS DE L'HUMANITÉ,

POUR L'INAUGURATION

DU BUSTE DE S. M. LOUIS XVIII,

LE 14 AVRIL 1816.

A PARIS,

DE L'IMPRIMERIE DE RICHOMME.

1816.

PROCÈS-VERBAL.

<hr>

Les membres de la Société des Amis de l'Humanité se sont réunis extraordinairement, le dimanche 14 avril 1816, dans le lieu destiné à leurs assemblées, rue Saint-Jacques, n.° 30. Après avoir consacré quelques courts instans aux affaires générales de la Société, on a passé à l'objet spécial de cette réunion, c'est-à-dire à l'inauguration du buste de Sa Majesté Louis XVIII. Dans une séance précédente, la Société avait accueilli à l'unanimité, et au milieu des plus vives acclamations, la proposition qui en avait été faite par M. Lambert, un de ses membres. Par un effet remarquable du hasard, l'époque de cette solennité avait été fixée au dimanche de Pâques, jour d'alégresse et de triomphe pour les fidèles; et cette heureuse circonstance acquérait, en quelque sorte, un nouveau degré d'intérêt par les nombreux rapprochemens qui venaient s'offrir à l'esprit, entre l'événement glorieux et respectable consacré dans les fastes du christianisme, et l'heureux retour de notre Monarque bien-aimé, qui, comme un autre Sauveur, est venu pour la seconde fois racheter son peuple de la captivité.

L'assemblée était nombreuse; tous les sociétaires

s'étaient fait un devoir de participer à un hommage de respect et de dévouement qui était l'expression des sentimens que chacun d'eux professait. M. Guyot-Desherbiers, membre vénérable de la Société philan-tropique, occupait la place d'honneur. M. Cachelièvre, employé au ministère de la guerre et président en exercice, a prononcé le discours suivant :

« Messieurs et amis, nommé président pendant le premier trimestre, il est glorieux pour moi, et je dois regarder comme un jour solennel celui qui, en terminant les travaux administratifs auxquels vous avez eu l'indulgence de me faire participer, me place à votre tête pour célébrer l'inauguration du buste de Sa Majesté Louis XVIII, votée par notre frère Lambert, et spontanément accueillie par nous tous.

» Fondateurs, sociétaires, pensionnaires, et vous affiliés, vous n'entendrez pas, sans quelque intérêt, que je me reporte à une époque où, inspirés par le génie philantropique, plusieurs typographes conçurent l'heureuse idée de poser, sous les auspices de l'amitié, la première pierre d'un édifice que le besoin de s'entr'aider fit achever à l'avantage et pour le soulagement de l'humanité.

» Notre Société, désignée sous le titre d'*Amis de l'Humanité*, prit donc naissance en 1789, sous le règne de Louis XVI : ses réunions n'ont rencontré aucun obstacle; elle les a continuées sous les divers gouvernemens qui se sont succédés. Le dernier, plus ombrageux, envoya des scrutateurs pour examiner le but de notre association, et acquit, par la connaissance de nos statuts, la conviction qu'il n'existait dans cette association qu'une seule et unique pensée, qu'une seule volonté, celle de nous aider mutuellement. De là, enfin, la continuation de notre existence, qui, maintenant, sous un règne paternel, ne doit faire espérer à tous ses membres que de l'amélioration.

» Il faut en convenir, Messieurs, dans ces derniers événemens politiques, le vaisseau de notre Société fut sur le point de périr. Le gouvernail, quoiqu'en des mains habiles et pures, paraissait fléchir sur une mer agitée par les circonstances; mais bientôt, par une sainte inspiration, et pour conserver notre titre précieux d'amis de l'humanité, chacun de nous, comme autant de pilotes, a cherché un abri que nous semblons avoir trouvé dans la constance, dans l'union, dans le désintéressement, et au moyen de quelques sacrifices.

» J'entends par abri, ce réglement dont nous ne devons jamais nous écarter; car de même que la Charte constitutionnelle doit être le point de ralliement des Français, de même notre réglement doit être notre palladium et la source assurée de notre bien-être commun.

» Mais je regarde de tous côtés; je n'aperçois heureusement sur les murs de cette enceinte aucune trace de ces hommes, fléau de leurs semblables, qui ont si cruellement immortalisé leurs noms par les flots de sang qu'ils ont fait répandre, et je m'empresse de promener mes regards, avec un respect religieux, sur M. Jean-Baptiste Coignard, ce bienfaiteur de la Société, dont la mémoire nous retrace une ame pour ainsi dire céleste. A côté, j'y vois figurer MM. Dupont, de Nemours et Guyot-Desherbiers, autres amis de notre Société, qui l'honorèrent plusieurs fois de leur présence et la présidèrent; et c'est à M. Desherbiers principalement que j'adresse, au nom de l'assemblée, des remerciemens bien mérités, pour avoir, à force de démarches et de constance, secondé, avec cette ame qui caractérise le véritable philantrope, les vues bienfaisantes du vertueux Imprimeur du Roi et de l'Académie française.

» Je desirerais vous faire remarquer encore quelques autres bienfaiteurs de la Société; et si nous n'avons pas ici leur imáge, elle est gravée dans nos cœurs, et les annales de notre Société en font une mention honorable.

» Mais un soin bien touchant va occuper les derniers momens de notre séance, et l'heure va bientôt sonner où notre vue s'arrêtera, avec un sentiment délicieux et plein d'admiration, sur le buste du légitime successeur de Louis XVI.

» Rousseau (1), cher ami de l'humanité, respectable frère, que n'ai-je ce ton persuasif qui nous a souvent surpris des larmes d'attendrissement, lorsque tu nous retraçais, avec une juste sensibilité, les bonnes actions et les qualités morales de ceux de nos amis, de nos frères que la parque cruelle avait moissonnés dans le cours de l'année; que n'ai-je ton élocution

---

(1) Mr M. R. Rousseau oncle, typographe employé à l'imprimerie royale. Membre de la Société depuis son existence, il y a rempli, à diverses reprises, les fonctions administratives avec zèle et distinction.

pathétique, pour jeter, en passant, une fleur sur la tombe d'un Roi victime de la révolution !

» *Louis XVI était bon, il était sensible, il aima son peuple, et sut pardonner à ses bourreaux et en appeler à son testament. C'est faire, en un mot, l'éloge de son cœur et sa plus belle épitaphe !*

» O toi, Louis XVIII, que nous allons placer dans ta sphère, au sein de l'humanité ; toi son successeur, toi l'héritier des vertus du bon Henri ; toi qui as été instruit à l'école du malheur, tu vas recevoir les marques non équivoques de notre fidélité et de notre amour !

» Puissent les vœux que nous formons être exaucés, ton règne sera long et heureux ! Puissent tes ennemis, ainsi que ceux du grand Henri, vaincus par tes bienfaits, reconnaître enfin leurs erreurs, s'unir désormais à toi, ainsi que le lierre s'unit à l'ormeau ; n'avoir plus qu'un sentiment, qu'une même opinion, qu'un seul desir, celui de la paix, et ne faire plus entendre avec nous que ce seul cri d'alégresse : *Vive le Roi !* »

Ce discours a été couvert d'applaudissemens, et le cri qui le termine a été répété avec enthousiasme par toute l'assemblée.

Sur la proposition d'un de ses membres, la Société vote ensuite, à l'unanimité, des remerciemens à M. Mercklin, artiste mécanicien, pour le don qu'il a bien voulu lui faire d'un piédestal destiné à recevoir le buste de Sa Majesté, et qui consiste en un fût de colonne posé sur sa base : une plaque de cuivre argenté, ornée avec élégance, y est incrustée, et sur

cette plaque M. Mercklin a gravé lui-même les vers
suivans :

CÉLESTE HUMANITÉ, vertu sainte et sublime,
Reconnais ton héros dans ce Roi magnanime.
Tes amis rassemblés, d'une commune voix,
Donnent ce titre auguste au plus clément des Rois.
Qui mieux le mérita ?... Qui sut tarir vos larmes,
Infortunés, naguère en proie à vos alarmes ?
Ah ! n'est-ce pas LOUIS, qui , dans tous vos malheurs ,
Se plaît à vous donner ses soins consolateurs ?

E. REGNIER , *Employé à l'Imprimerie Royale.*

On donne lecture de la lettre suivante, et l'on ap-
plaudit aux sentimens qui y sont exprimés :

« Monsieur le président, ne pouvant jouir ni de
l'honneur ni du plaisir de me trouver à votre assemblée, je vous prie d'être auprès d'elle l'interprète de
mes sentimens, et de vouloir bien lui dire que je
regarde la journée du 14 avril comme l'époque la plus
mémorable et la plus heureuse qui puisse être consi-
gnée dans les annales de la Société ; je dis la plus mémorable, parce qu'en plaçant aujourd'hui le buste de
notre bon Roi dans le lieu de nos séances, nous consacrons non-seulement le principe de la reconnaissance pour tous les bienfaits que cet auguste Monarque a rendus et rend tous les jours à l'humanité souf-
frante, mais encore nous nous procurons la douce
satisfaction de pouvoir contempler à loisir, c'est-à-dire
d'avoir constamment devant les yeux un modèle de
bonté, de clémence, de justice et de charité, en un
mot la vertu personnifiée, que Dieu seul a rendue à
notre patrie, pour la consoler dans son affliction.

» Le buste de Sa Majesté, placé dans cette enceinte, nous rappellera sans cesse le but de notre institution. C'est en pratiquant les vertus dont Louis XVIII nous donne, le premier, l'exemple, que nous pouvons, avec tous les bons Français, faire des vœux au ciel pour sa conservation ; et, donnant un libre cours aux sentimens que sa présence nous inspire, nous dirons, d'intelligence avec nos cœurs, *Vive à jamais, vive le Roi!*

» J'ai l'honneur d'être, M. le président, avec la plus haute considération,

» Votre co-sociétaire, Brucque. »

Sur l'invitation de M. le président, les sociétaires descendent dans la cour, et s'y rangent sur deux haies ; un grand nombre d'entre eux, revêtus de leurs uniformes de gardes nationaux, occupent les premières lignes. Une députation se rend chez M. Fauquet, l'un des administrateurs, dont le logement est situé dans un autre corps de logis de la même maison, et à qui le dépôt du buste révéré du Monarque avait été confié. Le temps, jusqu'alors pluvieux, s'était éclairci ; le soleil brillait avec force. Le buste de Sa Majesté, posé sur un brancard drapé en blanc, est porté par deux sociétaires en uniforme ; des dames forment le cortége, et tiennent à la main l'extrémité des rubans fixés à la draperie. A peine le buste a paru sous le vestibule, qu'un cri spontané de *vive le Roi* se fait entendre ; et c'est au bruit de ce cri mille fois répété qu'il traverse la cour.

Arrivé dans la salle des séances de la Société, le buste est placé sur son piédestal. Mademoiselle Desirée

Augé, fille d'un sociétaire, d'après l'invitation de M. le président, a ensuite récité de mémoire la pièce de vers suivante. Cette jeune personne a mis dans sa déclamation beaucoup d'ame et d'intelligence; elle a su communiquer à ses nombreux auditeurs, et surtout aux bonnes mères de famille qui assistaient à cette fête, l'émotion dont elle était pénétrée, et des larmes d'attendrissement ont, à diverses reprises, coulé de tous les yeux.

LORSQUE dans son palais un conquérant sauvage
Revient couvert du sang que fit couler sa rage,
De ses vils courtisans les impudentes voix
Élèvent jusqu'aux cieux sa gloire et ses exploits;
Mais le cœur est muet, et leur main mercenaire
Semble, en l'applaudissant, demander un salaire.
Il lit dans leur pensée; et bientôt ses trésors
Vont s'ouvrir pour payer leurs factices transports.
Cependant en secret on gémit, on murmure;
Chacun maudit l'auteur des peines qu'il endure;
Et les mères en pleurs, dans ses rangs éclaircis,
Ont cherché, mais en vain, leurs époux et leurs fils.
A de nouveaux combats pourtant il se prépare !
Du sang de nos enfans pourrait-il être avare ?
Les sujets d'un tyran ne sont qu'un vil troupeau;
Il n'en est point le père, il en est le bourreau.
Tremblez, mères, tremblez!... sa présence l'atteste,
Il va vous arracher le seul fils qui vous reste.
A votre désespoir le perfide sourit;
Jamais son cœur d'acier, jamais ne s'attendrit.
Ses peuples, il le sait, ses peuples le haïssent :
Qu'importe leur amour pourvu qu'ils obéissent!...
Qu'importe leur amour!... Un Prince vertueux
Jamais ne proféra ce blasphème odieux !

Courbé sous le fardeau qu'impose la puissance,
Ah ! c'est cet amour seul qui fait sa récompense :
Aimant à s'entourer des heureux qu'il a faits,
Lorsqu'il compte ses jours, il compte ses bienfaits.
On voit fleurir sous lui les arts et l'industrie ;
Honneur, vertu, devoir, religion, patrie,
Ne sont plus de vains noms lâchement profanés ;
Les bons sont triomphans, les méchans consternés ;
Le crime complaisant, l'intrigue, la bassesse,
Ne se partagent plus les grandeurs, la richesse ;
La vertu, de son trône est l'unique soutien,
Et ses hommes d'état sont des hommes de bien....
Entouré de ses fils, le laboureur tranquille
Coule des jours sereins dans son rustique asile :
Espoir de ses vieux ans, il ne redoute pas
De vous voir tour-à-tour arrachés de ses bras ;
Il pourra vous transmettre, en fermant la paupière,
Le champ qu'il cultiva, son jardin, sa chaumière,
Vous donner pour adieu le baiser paternel,
Et s'endormir content au sein de l'Eternel....
Pour prix de sa vertu, la jeune et chaste fille
Reçoit un jeune époux choisi par sa famille.....
Loin de régir l'Etat, les artisans heureux
Reposent sans souci ; le Roi veille pour eux....
Mais dans ses intérêts la Patrie offensée
Par d'injustes voisins est-elle menacée ?
Ses légions, soudain, sont prêtes aux combats :
Il détestait la guerre et ne la craignait pas.
Les braves réunis sous sa noble bannière,
Du paisible habitant respectent la chaumière ;
La discipline règne et guide leur ardeur,
Pour eux le champ de Mars est le champ de l'honneur.

En traçant d'un bon Roi cette esquisse fidèle,
O Louis ! c'est toi seul que j'ai pris pour modèle,
Toi qui, long-temps en butte aux coups les plus affreux,
Savais, dans ton malheur, aider les malheureux ;

Toi qui du bon Henri rappelant la mémoire,
Veux à nous rendre heureux mettre toute ta gloire.
Comme lui, des Français tu ne fus point vainqueur ;
Ce pénible triomphe eût peu flatté ton cœur :
Mais de l'opinion le jugement austère ,
Des Français , comme lui, te proclame le père.
Lorsque ce peuple entier dont tu brisas les fers ,
Forme , pour te bénir, d'unanimes concerts ,
Ah ! ne dédaigne pas l'humble et modeste hommage
Qu'ici viennent offrir à ton auguste image
De fidèles sujets unis pour s'entr'aider !
Où l'on se livre au bien , Louis doit présider.
Reçois donc , ô bon Roi, reçois cette couronne !
Le respect l'a tressée , et l'amour te la donne.

A. Beaufils, Correcteur à l'Imprimerie Royale.

On donne successivement lecture des pièces de vers suivantes, qui toutes sont accueillies au bruit des applaudissemens :

Bourbon triomphe.... ô France! ô ma chère patrie !
A d'odieux tyrans tu n'es plus asservie ;
Tu vas renaître enfin à la paix , au bonheur,
Sous ce Roi généreux, ton vrai libérateur.
Entends les cris d'amour et les chants d'alégresse
Qu'inspire de LOUIS l'ineffable tendresse :
Un peuple entier l'implore et le nomme à-la-fois
Son père, son sauveur, et le meilleur des Rois.
Amis, qu'un but touchant réunit comme frères,
LOUIS est pour nous tous le plus tendre des pères :
Donnons-lui notre amour, gardons-lui notre foi,
Et pour tous ses bienfaits, crions vive le Roi !

E. Regnier.

Air : *Du vaudeville des deux Edmon.*

Devant cette image chérie,
D'un Roi, père de la patrie,
Qui ne sent son cœur s'attendrir,
    Se réjouir !   (*bis*).
De fleurs , Amis , ornons sa tête ;
Qu'à le louer chacun s'apprête :
Ah ! répétez tous avec moi :
  Vive à jamais le Roi !   (*bis*).

TOUS.

  Vive à jamais le Roi !   (*bis*).

Bon , clément , sensible , équitable,
Tel s'offre à nous ce Prince aimable ;
Son éloge est dans son seul nom :
    C'est un Bourbon.   (*bis*).
A ce nom si cher à la France,
Ivre d'amour et d'espérance,
Tout un peuple crie avec moi :
  Vive à jamais le Roi.   (*bis*).

TOUS.

  Vive à jamais le Roi !   (*bis*).

Fils de Saint-Louis , d'Henri quatre ,
L'adversité ne put abattre
Son cœur aimant et généreux,
    Formé par eux.   (*bis*).
Il savait qu'un peuple fidèle
Poussait vers lui, plein d'un saint zèle,
Ce cri de tendresse et de foi :
  Vive à jamais le Roi !   (*bis*).

TOUS.

  Vive à jamais le Roi !   (*bis*).

(14)

Déjà la Muse de l'histoire.
Met les monumens de sa gloire
Et ses plus éclatans succès
    Dans ses bienfaits.   (*bis*).
Ah ! qu'elle inscrive dans ses pages
Nos regrets, nos vœux, nos hommages,
Et ce cri d'amour et de foi :
    Vive à jamais le Roi !   (*bis*).

T O U S.

    Vive à jamais le Roi !   (*bis*).

Grand Roi, si tes vertus suprêmes
Forcent les témoignages mêmes
Les moins soumis par vanité
    A l'équité ;   (*bis*).
Combien elles paraissent belles
A tes sujets bons et fidèles ,
Puisqu'elles enseignent pour loi
    A chérir un bon Roi !   (*bis*).

T O U S.

    A chérir un bon Roi !   (*bis*).

E. REGNIER.

⌇⌇⌇⌇⌇⌇⌇

Louis reçut du Ciel, les vertus, la sagesse,
Sa modération plaît à l'humanité :
Puissent tous les Français, au sein de l'alégresse,
Lui consacrer leur cœur et leur fidélité !

Par un SOCIÉTAIRE.

Air : *De Lantara.*

QUAND dans ce lieu qui nous rassemble
Nous célébrons notre bon Roi ;
Oui, mes chers amis , il me semble
Qu'un jour nouveau renaît pour moi :
Ah ! de Louis que l'image chérie
Demeure à jamais sous nos yeux !
A l'adorer consacrons notre vie ;
Qui fut plus digne de nos vœux ?

Par un SOCIÉTAIRE.

QUAND, dans leur humble Sanctuaire ,
A ce Portrait auguste et respecté
Les Amis de l'humanité
Rendaient un hommage sincère,
Chacun se dit en contemplant ces traits
Où la bonté se peint, où l'humanité brille :
« Dans ces lieux voués aux bienfaits,
» On inaugure un Portrait de famille ! »

A. BEAUFILS.

Un sociétaire donne lecture du discours suivant, composé par M.ʳ M. R. Rousseau :

« Messieurs, ce jour est un des plus beaux qu'ait pu compter la Société des Amis de l'Humanité. Il en réunit tous les membres pour célébrer l'inauguration du buste de l'*Apôtre de l'humanité*, du plus juste et du plus sage des Rois, du vertueux Louis XVIII, surnommé par l'amour de son peuple LOUIS-LE-DÉSIRÉ.

» C'est dans l'adversité que ce prince a fait briller dans tout son éclat la grandeur de son ame ; c'est dans l'adversité qu'il n'a jamais oublié les malheureux, et que, privé de ses états et de ses biens, accompagné de son illustre Antigone, il a partagé les débris de sa fortune avec les infortunés qui ne l'ont point abandonné.

» Vingt-quatre ans d'exil n'ont point affaibli dans son cœur l'amour qu'il n'a cessé d'avoir pour son peuple, à qui il rend la paix, la tranquillité et le bonheur.

» Contemplez cette auguste figure ; vous y voyez l'image de toutes les vertus, le réparateur de tout le mal qu'il n'a point fait : c'est Marc-Aurèle, Antonin, Trajan, Titus ; saint Louis, si recommandable par ses éminentes qualités, et par sa fermeté à soutenir les droits de sa couronne ; Charles V, le plus sage et le plus habile des Rois ; François I.er, qui, par son amour pour les lettres, mérita l'honneur de donner son nom à son siècle ; Louis XII, père du peuple ; Henri IV, dont on ne peut prononcer le nom sans attendrissement.

» Ce bon Roi réunit toutes les perfections de ces illustres personnages : comme eux, il mérite l'amour de ses peuples, qu'il porte dans son cœur, et qu'il regarde comme ses enfans.

» Vouons-lui sincèrement amour et fidélité. Invoquons la divinité pour qu'elle lui accorde de longs jours et une heureuse vieillesse ; et, profitant du moment heureux qui nous réunit, jurons-nous à nous-mêmes amitié, fidélité, humanité et dévouement sincères.

» Que les vertus de ce bon Roi nous servent d'exemples ! Comme lui, séchons les larmes des malheureux ; volons à leur secours, autant que nos moyens nous le permettront; oublions le bien que nous avons fait, pour ne penser qu'à celui qui nous reste à faire. Il nous prouve journellement que le plus doux plaisir de l'humanité est de faire des heureux. »

Ici M. Rousseau rappelle différens traits de bonté et de générosité de notre vertueux Monarque. Ces exemples, bien choisis, font une vive impression sur l'assemblée. Le discours est terminé ainsi :

« N'oublions jamais les larmes de joie qu'il nous fit répandre lors de son retour. Il nous rend la paix, premier de tous les biens : elle est le garant de tous les autres. Avec elle, nous verrons renaître le bonheur ; la confiance se rétablira ; les hommes s'aimeront, et oublieront toutes les haines que la diversité des opinions a fait naître. Nous ne composerons plus qu'un peuple de frères et d'amis.

» Louis-le-Désiré sait qu'un Roi bienfaisant est le premier ministre de Dieu, et que ce sont les plus vertueux que les courtisans trompent le mieux.

» Faisons des vœux à la divinité pour qu'elle ne lui accorde que de bons ministres et de sages conseillers ; et ne cessons de répéter, avec zèle, constance et sincérité, *Vive le Roi et sa vertueuse famille !* »

M. Lambert prend ensuite la parole, et dit :

Tout périssait enfin, lorsque BOURBON parut.

« Il n'est aucun de vous, Messieurs, qui n'ait été pénétré de cette grande vérité ; oui, tout périssait, tout s'anéantissait, lorsque le descendant du grand Henri a reparu au milieu de nous ; tout périssait ; et déjà les

champs de bataille couverts de morts, nos cités déso-
lées, nos campagnes ravagées, la guerre civile sur
plusieurs points du royaume, la guerre étrangère por-
tée jusque sous les murs de cette capitale, nos manufactures désertes, nos fabriques anéanties, le commerce
nul, des milliers d'ouvriers éprouvant les horreurs de
la misère, la jeunesse française de nouveau recherchée
et persécutée, enfin l'affreux régime de 1793 remis en
vigueur, tout attestait la prochaine destruction de notre
patrie, lorsque l'immortelle journée du 8 juillet ramena
au sein de sa famille le meilleur des pères, au milieu
de ses sujets le plus vertueux des Monarques. A l'as-
pect de son auguste front, l'étranger pose ses armes
menaçantes, le méchant fuit épouvanté, et le traître
est saisi de crainte et d'effroi : les véritables Français
se livrent à une joie pure, et font retentir les airs de
leurs cris d'alégresse ; semblables aux malheureux ha-
bitans d'une contrée désolée par un violent orage, et
qui bénissent le ciel au retour d'un soleil bienfaisant et
réparateur.

» Vous le savez, Messieurs, notre attente n'a point
été trompée, et elle ne pouvait l'être : le premier soin
comme le premier besoin de notre bon Roi était de
faire le bien, et il l'a fait ; il a fait le bien pour le mal
qu'on lui avait fait.... il a pardonné. Par sa sollicitude
toute paternelle, les manufactures, les ateliers, le
commerce, tout a repris une nouvelle vie ; et la paix,
cette douce paix que nous devons à sa haute sagesse et
aux généreux efforts de sa grande ame, nous fera
bientôt oublier nos désastres.

» Je ne m'efforcerai point, Messieurs, en la solennité qui nous rassemble, de me servir du langage de la persuasion, pour vous démontrer que c'est à Louis-le-Désiré que nous devons en particulier l'existence de cette Société : vous en êtes tous pénétrés ; vous savez tous qu'un établissement basé sur la morale la plus sainte, la bienfaisance mutuelle, ne pouvait être ménagé ni respecté par l'immoralité et le crime, pour qui rien n'est sacré. Il était donc certain que nous étions anéantis sans ressource, si le règne du brigandage eût duré quelques momens de plus ; et vainement auriez-vous pris des mesures rigoureuses pour vous maintenir, vainement auriez-vous apporté de grands changemens dans votre organisation, vous subissiez le sort de la destruction, puisque les ennemis de l'humanité étaient triomphans.

» C'est donc à l'héritier de Henri IV que nous devons de respectueux hommages de reconnaissance, d'amour et d'attachement ; nous les lui devons, nous les lui présentons, et comme Français, et comme amis de l'humanité, qualités qui ont toujours été inséparables chez nous sous le règne des fils de saint Louis.

» Ah ! qui de vous, Messieurs, ne reconnaît pas les plus grands héros de l'humanité dans notre bien-aimé Monarque, et dans les augustes princes et princesses de sa maison ? Chaque jour, chaque moment, voient bénir ces mains sacrées, tendues à l'infortune et à l'indigence ; aucune occasion ne leur échappe pour secourir le malheur et le besoin, et les larmes de la reconnaissance ne cessent de couler des yeux de la veuve et de l'orphelin. Que le ciel nous conserve long-temps un Roi si bon, si chéri de ses sujets et si digne de l'amour de tous les Français ! qu'il rende heureux les légitimes héritiers de notre Monarque, afin que nos neveux partagent leur bonheur et leur gloire !

» *Vive le Roi ! vivent les Bourbons !* »

Ce discours est accueilli par de nombreux applaudissemens.

M. Guyot-Desherbiers, qui avait donné pendant la séance des marques de la plus vive émotion, adresse à l'assemblée des félicitations affectueuses. Enfin, au moment où l'on allait se séparer, un sociétaire, M. Demoraine, par une de ces inspirations soudaines qui caractérisent bien la franchise et la gaieté typographiques, entonne l'air vraiment national de *vive Henri IV;* et chacun à l'envi s'empresse de le répéter en chœur.

Signé au registre, CACHELIÈVRE, *président;* FAUQUET, *agent-comptable-trésorier;* FAROCHON, *commissaire-vérificateur;* BOURDIN, *substitut du commissaire-vérificateur;* M. R. ROUSSEAU, DUBOSQUET, AUGÉ, DEVIENNE, CHIZE, BARALLE, BARILLOT, CAGNION, *administrateurs.*

A l'issue de cette séance, plusieurs sociétaires se sont réunis pour aller prendre ensemble un repas simple et frugal; leurs femmes et leurs enfans sont venus augmenter le nombre des convives. La plus franche gaieté, la concorde, la cordialité, n'ont pas cessé un instant de régner au milieu de cette grande famille. On a bu à la santé des Bourbons, on a chanté en l'honneur des Bourbons, enfin on ne s'est occupé que des Bourbons. Chacun a dit une chanson analogue à la circonstance ; celle de M. Regnier a été répétée et vivement applaudie.

M. Beaufils a chanté les deux suivantes, de sa composition.

Air : *Ce Magistrat irréprochable.*

Sur les portes et les fenêtres,
Naguère dans chaque cité,
On écrivait en grosses lettres,
Humanité, fraternité.
Fausse enseigne, annonces trompeuses !
Ces vertus qu'on prônait si fort,
Devaient se trouver bien honteuses
D'avoir à leurs côtés la mort.

Fuyant cette lugubre escorte,
Aujourd'hui les deux bonnes sœurs
Ne se montrent plus sur la porte,
Mais ont pris place dans les cœurs.
Fraternité siége à la table
Des Amis de l'humanité ;
Et par un accord plus aimable,
On y voit aussi la gaieté.

LE BUVEUR PACIFIQUE.

Air : *Du Serment Français.*

Je ne veux point que dans l'histoire
Mon nom soit à jamais fameux :
J'aime mieux un peu moins de gloire
Et couler ici bas des jours moins orageux.

Taisez-vous, trompettes guerrières,   (*bis*).
Dans les cœurs vous portez l'effroi :
Au son harmonieux des verres,
Buvons, buvons à la santé du Roi.

Pourquoi troubler au loin le monde ?
Goûtons les douceurs de la paix :
Ensemble en trinquant à la ronde,
On n'a point à gémir des maux que l'on a faits.
Taisez-vous, etc.

Ici, pour couronner nos têtes,
Mêlons le pampre et l'olivier ;
On s'appauvrit par les conquêtes :
Le cyprès trop souvent croît auprès du laurier.
Taisez-vous, etc.

Venez, enfans de la victoire,
Venez prendre part à nos jeux ;
Venez avec nous rire et boire,
Et laissez reposer le glaive belliqueux.
Taisez-vous, etc.

Le dieu qu'en ces lieux on encense
N'est point l'ennemi des combats ;
Bacchus inspire la vaillance,
Il réchauffe le cœur et ne l'engourdit pas.
Taisez-vous, etc.

Guerriers, au sein de la patrie,
Veillez pour défendre les lis ;
Protégez les arts, l'industrie :
Ailleurs qu'aux champs de Mars on sert bien son pays.
Taisez-vous, etc.

Un modeste violon, qui s'est fait entendre, a annoncé aux convives qu'aux plaisirs de la table allaient succéder ceux de la danse. La salle du festin s'est convertie en un clin-d'œil en salle de bal : jeunes et vieux se sont livrés de tout cœur à ce nouvel amusement. Enfin c'est avec un véritable regret qu'on a vu arriver le terme de cette délicieuse journée ; et chacun a regagné paisiblement sa demeure, en se disant que ce n'est que sous un bon Roi que l'on peut se livrer sans trouble à une pareille ivresse, et goûter d'aussi pures jouissances.

FIN.

www.ingramcontent.com/pod-product-compliance
Lightning Source LLC
Chambersburg PA
CBHW061830060726
47597CB00008B/3440